AF224047

LA LANGUE

ET LA LITTÉRATURE

SANSCRITES

PAR

PAUL REGNAUD

Maitre de Conférences de Sanscrit à la Faculté des Lettres de Lyon.

DISCOURS D'OUVERTURE DES CONFÉRENCES DE SANSCRIT.

ERNEST LEROUX, ÉDITEUR

Libraire de la Société Asiatique, de l'École des Langues Orientales vivantes, etc.

28, RUE BONAPARTE, 28

1879

LA LANGUE ET LA LITÉRATURE

SANSCRITES.

LA LANGUE

ET LA LITTÉRATURE

SANSCRITES

PAR

PAUL REGNAUD

Maître de Conférences de Sanscrit à la Faculté des Lettres de Lyon.

DISCOURS D'OUVERTURE DES CONFÉRENCES DE SANSCRIT.

PARIS

ERNEST LEROUX, ÉDITEUR

Libraire de la Société Asiatique, de l'École des Langues Orientales vivantes, etc.

28, RUE BONAPARTE, 28

1879

LA LANGUE

ET LA LITTÉRATURE

SANSCRITES

Messieurs,

En ouvrant le premier cours universitaire de
langue et de littérature sanscrites qui ait été
créé jusqu'ici en province, je crois devoir faire
précéder mes leçons d'un exposé succinct de
l'origine, du développement et de l'état actuel
de l'enseignement de ces nouvelles branches
d'études en Europe. J'y joindrai quelques re-
marques sur l'utilité de nos travaux, et j'expo-
serai les principales raisons qui ont dû agir sur
l'esprit de M. le ministre de l'instruction pu-

blique, quand il a cru l'heure venue d'instituer des Conférences de sanscrit dans la seconde ville de France, à côté des chaires où les savants maîtres de notre Faculté des Lettres professent, avec tant de zèle et de talent, les différentes parties de l'enseignement classique.

I

Comme vous ne l'ignorez pas, l'existence du sanscrit et de la vaste littérature dont cette langue est l'organe n'est guère connue en Europe que depuis la fin du siècle dernier. Les anciens soupçonnèrent à peine la présence, dans les contrées les plus lointaines où le fils audacieux de Philippe de Macédoine conduisit les phalanges grecques, d'un organisme phonétique et grammatical au moins aussi souple, aussi riche et aussi régulier que l'admirable idiome des Hellènes. Ils ne soupçonnèrent pas davantage qu'il y eût là une littérature dont certains monuments l'emportaient, pour l'ancienneté, sur les poëmes homériques, tandis que certains autres, à n'envisager que le côté philosophique et théorique, étaient comparables, à différents égards et dans leur ensemble, à l'œuvre encyclopédique d'Aristote (1). A part quelques indications assez précises sur les mœurs des habitants de l'Inde, sur les productions de la contrée et sa topographie, empruntées par Ctésias, Diodore de Sicile, Strabon, Philostrate dans la *Vie d'Apollonius de Tyanes*, Quinte-Curce, Plutarque, Ptolémée, Jamblique, Clément d'Alexandrie et quelques autres, aux anciens historiens d'Alexandre et aux voyageurs qui, comme Mégasthène, poussèrent à sa suite ou après lui jusqu'aux bords de l'Indus, — ce que les Grecs et les Latins rapportent de la sagesse des brâhmanes ne diffère pas sensiblement des vagues développements et des lieux communs dont ils avaient coutume d'user à propos de la science de la Chaldée

---

(1) Les anciens avaient pourtant quelques notions sur les épopées de l'Inde. Voir Weber, *Akad. Vorles.*, p. 202, deuxième édition ; *Indische Studien*, II, p. 161, 162, et Dion Chrysostôme, περὶ Ὁμήρου, orat 53, II, 277, édition Reiske.

et des mystères religieux et historiques de l'Égypte.

Le moyen âge en sut moins encore, et, dans les temps modernes, de longues années, des siècles entiers ont suivi la découverte du cap de Bonne-Espérance et l'établissement des Portugais dans l'Inde avant que les Européens apprissent rien de bien positif sur la langue savante de cette contrée et les livres sanscrits. A quoi cela a-t-il tenu? Il serait difficile de le dire au juste; mais il semble bien, pourtant, que les difficultés inhérentes à l'étude de la langue et l'absence de méthodes didactiques à l'usage des nouveaux arrivants de l'Occident mirent plus d'obstacle à la divulgation des secrets du langage et de la civilisation de l'Inde ancienne que le mauvais vouloir ou les scrupules religieux des brâhmanes. Toujours est-il qu'un bon nombre de voyageurs et de missionnaires obtinrent d'eux, dès le commencement du XVIIe siècle, des renseignements assez exacts sur les principes de la religion brâhmanique, sur les cérémonies du culte et le contenu des livres sacrés ou légendaires. Nous possédons un témoignage bien curieux de ces relations et de leurs fruits dans un livre publié, vers 1650, par un voyageur hollandais du nom d'Abraham Roger, qui avait résidé sur les côtes de Coromandel. Cet ouvrage, dont il y a une version française sous le titre singulier de *la Porte ouverte pour parvenir à la Connaissance du Paganisme caché*, contient, indépendamment de données du genre de celles dont je viens de parler, la traduction des sentences morales et religieuses attribuées au poëte sanscrit Bhartrihari, « expliquées à l'auteur, est-il dit, par le brâhmine Pabmanaba. » Le savoir d'Abraham Roger et de ses émules était donc de seconde main ; il ne reposait pas directement sur les documents originaux et passait, pour arriver jusqu'à eux, par l'intermédiaire des prêtres indigènes, qui s'exprimaient à cet effet, soit dans les dialectes modernes de l'Inde, soit, sans doute, en portugais ou en hollandais. Aussi le sanscrit était-il encore si complétement ignoré en Europe dans la seconde moitié du XVIIIe siècle que le savant sinologue de Guignes, dans un Mémoire inséré au tome XL du Recueil de l'Académie des inscriptions et belles-lettres, attribuait les analogies signalées entre les noms de nombre en sanscrit et en latin aux relations qui avaient été entretenues dans l'antiquité par les Grecs et les Romains avec les Hindous et à de purs emprunts faits par ceux-ci à la langue de ceux-là. Toutefois, au moment où M. de Guignes émettait ces vaines conjectures, l'heure approchait où l'on allait pouvoir résoudre la question d'une manière bien différente et avec toute la certitude désirable.

Le premier européen qui apprit le sanscrit, ou du moins qui tira un parti utile pour la science de l'étude de cette langue, fut l'anglais Wilkins. Très-chaudement encouragé et soutenu par Warren Hastings, le célèbre gouverneur du Bengale pour la Compagnie anglaise des Indes, il publia, en 1785, une traduction de la *Bhagavad-Gîtâ*, épisode philosophique tiré du *Mahâbhârata*; cet ouvrage était précédé d'une lettre de Warren Hastings sur l'utilité des études sanscrites, où se trouvaient exprimées des idées très politiques et très élevées.

La publication de Wilkins, favorisée par un tel patronage, fut comme le signal longtemps attendu de la prise de possession par la science moderne du grand domaine de l'indianisme. A la suite de cet ouvrier de la première heure, et presque en même temps que lui, ses compatriotes William Jones et Colebrooke, auxquels se joignit, un peu plus tard, Horace Hayman Wilson, entreprirent, également dans l'Inde même, cette série de beaux travaux sur la langue, la littérature et la civilisation des anciens Hindous qui parurent d'abord, pour la plupart, dans le recueil des *Asiatic Researches*, et qui sont restés, dans les différentes rééditions indépendantes dont ils ont été l'objet, les assises sur lesquelles repose l'étude des principales subdivisions de la philologie sanscrite.

Bien que l'Orient ait été le berceau de ces savants efforts et des ouvrages qui en devinrent le fruit, l'Europe érudite et lettrée ne tarda pas à prêter son attention aux découvertes des indianistes anglais, et bientôt elle en comprit la portée et se passionna pour elles. Indiquons dans l'ordre chronologique les principaux traits qui signalent et caractérisent le mouvement littéraire et scientifique déterminé à ce moment par les études sanscrites.

En 1802, le savant voyageur français Anquetil-Duperron publie l'*Oupnék'hat*, c'est-à-dire la traduction latine, d'après une version persane, des parties philosophiques des livres védiques qui portent le titre d'*Upanishads*. En 1815, une chaire de sanscrit, la première qui ait été créée en Europe, est fondée au Collége de France, et M. de Chézy, l'éditeur et le traducteur du beau drame de *Çakountalâ*, en est le titulaire. En 1823, Auguste-Guillaume Schlegel, qui professait le sanscrit à l'Université de Bonn depuis 1818, publie le texte sanscrit et la traduction latine de la *Bhagavad-Gîtâ* : c'est le premier livre qui ait été imprimé en Europe dans les caractères propres au sanscrit, appelés *devanâgari*. Vers 1835, l'Allemand Friedrich Rosen, qui devait être enlevé prématurément à la science, entreprend l'édition des hymnes du *Rig-Véda* en même temps qu'il enseigne le sanscrit à l'Université de Londres. Vers la même époque apparaissent presque simultanément : en France, Loiseleur-Deslongchamps et Burnouf ; en Allemagne, Bopp, Lassen, Windischmann ; en Italie, Gorresio : toute une pléiade d'indianistes de mérite, dont quelques-uns même, on peut le dire, étaient des savants de génie.

Tandis que les éléments de l'érudition sanscrite se débrouillaient ainsi, sous la main de ces laborieux et habiles ordonnateurs, du chaos dans lequel ils étaient confondus naguère; tandis que des livres didactiques étaient mis à la portée du public savant de l'Europe, que les traductions des ouvrages les plus intéressants étaient continuées, et que l'édition des textes était entreprise et poursuivie avec un zèle et une méthode dignes des grands humanistes de la Renaissance, l'enseignement de la langue et de la littérature se constituait et se développait graduellement dans la plupart des centres scientifiques de l'Occident. Il serait d'un médiocre intérêt de suivre les progrès de cet enseignement dans tous leurs détails; qu'il me suffise d'en dessiner, à grands traits, la situation présente, autant du moins que me permettent de le faire les renseignements dont je suis en possession.

En Angleterre, le sanscrit est enseigné :

A Oxford, par M. Monier Williams, le successeur de l'illustre Wilson et l'auteur de différentes publications didactiques, parmi lesquelles on remarque une grammaire sanscrite et un dictionnaire sanscrit-anglais ;

A Cambridge, par M. Cowell, éditeur et traducteur d'ouvrages sanscrits importants qui ont paru surtout dans la collection de la *Bibliotheca indica* ;

A Londres, au Collége de l'Université, par M. Ernest Haas ;

A Édimbourg, par M. Julius Eggeling; et à Dublin, par M. Robert Atkinson.

Je dois joindre à cette liste le nom de deux hommes, qui, sans professer le sanscrit, ont rendu et rendent encore à nos études les plus signalés services par les remarquables travaux qu'ils y consacrent et les encouragements de tous genres dont ils sont prodigues envers elles. Ce sont : 1° M. Max Müller, professeur de grammaire comparée à l'Université d'Oxford, auquel on doit, indépendamment d'excellents ouvrages sur la mythologie, sur la science des religions et la linguistique, une histoire de l'ancienne littérature sanscrite et une magnifique édition du *Rig-Véda;* 2° M. John Muir, d'Édimbourg, l'auteur de la précieuse collection des *Sanskrit texts* et le généreux Mécène de l'indianisme.

En Belgique, un éranisant, M. de Harlez, fait un cours de sanscrit à l'Université catholique de Louvain.

En Hollande, un cours semblable est fait à Leyde par M. Kern.

La capitale du Danemark possède également une chaire de sanscrit où professait autrefois un lexicologue estimé, M. Westergaard, qui est mort depuis quelques années et dont un nouveau titulaire continue les leçons.

Le gouvernement russe, depuis longtemps déjà, s'est montré très-favorable à l'indianisme. C'est grâce à ses libéralités que MM. Böhtlingk et Roth ont pu mettre au jour le grand dictionnaire sanscrit-allemand édité à Saint-Pétersbourg aux frais de l'Académie impériale des sciences, et qui est actuellement l'instrument le plus indispensable de nos travaux. Aussi des chaires de sanscrit existent-elles à Saint-Pétersbourg et à Moscou ; elles ont pour titulaires MM. Kossowic et Fortunatoff, auprès desquels il convient de nommer M. Minaïeff, connu par de bons travaux sur le pâli, et M.

Miller, auteur d'un ouvrage important en russe sur les Açvins, et qui vient de fonder à Moscou une *Revue critique* russe.

Dans une autre contrée de l'Europe orientale, à Bucharest, en Roumanie, M. Georgian, ancien élève de l'École pratique des hautes études de Paris, vient d'ouvrir un cours de langue sanscrite.

Mais c'est en Allemagne, c'est-à-dire dans les différents États qui composaient en général l'ancienne Confédération germanique, que l'enseignement du sanscrit a reçu le plus de développement, déterminé le plus de vocations et donné lieu aux travaux les plus considérables. On professe l'ancien idiome de l'Inde, soit d'une manière indépendante, soit concurremment avec la grammaire comparée, ou d'autres langues orientales, dans les Universités de Berlin, Bonn, Breslau, Erlangen, Gœttingue, Greifswald, Halle, Heidelberg, Iéna, Kiel, Kœnigsberg, Leipsick, Marbourg, Munich, Prague, Rostock, Strasbourg, Tubingue, Vienne et Wurzbourg.

Je citerai, parmi les professeurs de ces Universités qui ont le plus contribué jusqu'ici aux progrès de l'indianisme : M. Weber, de Ber-

lin, à l'érudition patiente, scrupuleuse, métho-
dique et sagace, duquel on doit un grand nombre d'ouvrages très-estimés et qui sont le
vade mecum du philologue indianiste ; M. Ben-
fey, de Gœttingue, auteur également très-
apprécié d'une grammaire, d'une chrestomathie
et d'un lexique sanscrits, de travaux sur les
Védas, d'une traduction du *Pancatantra*, etc. ;
M. Roth, de Tubingue, le collaborateur, surtout pour la partie védique, de M. Böhtlingk
au vaste et précieux dictionnaire sanscrit-
allemand dont j'ai parlé tout à l'heure ;
M. Aufrecht, de Bonn, qui s'est fait connaître
surtout par son savant catalogue des manuscrits sanscrits de la Bibliothèque bodléienne ;
MM. Brockhaus, de Leipsick, Stenzler, de Breslau, et Poley, de Vienne, auteurs d'éditions
et de traductions appréciées ; MM. Delbrück,
d'Iéna, et Ludwig, de Prague, qui ont publié :
le premier, des travaux remarquables sur la
grammaire védique ; le second, une traduction
complète du *Rig-Véda*, etc.

En Suisse, nous trouvons les chaires suivan-
tes qui sont consacrées au sanscrit et aux études connexes :

A Bâle, celle de grammaire comparée, dont le titulaire est M. Misteli ;

A Berne, la chaire de langues et de littératures orientales, occupée par M. Sprenger ;

A Zurich, la chaire de sanscrit et de grammaire comparée de M. Kaegi *(privat docent)* ;

Enfin, l'ouverture d'un cours libre de sanscrit, analogue aux cháires des *privat-docenten* des Universités allemandes, vient d'être annoncée à Genève par M. Oltramare, ancien élève de l'École pratique des hautes études de Paris.

En Italie, le sanscrit est enseigné, soit exclusivement, soit à titre d'introduction à la grammaire comparée, à Turin, à Milan, à Padoue, à Pise, à Florence, à Bologne et à Naples. Parmi les professeurs qui en font l'objet de leur enseignement, on remarque particulièrement M. Gorresio, ancien élève de Burnouf, auteur d'une édition et d'une traduction célèbre du *Râmâyana ;* MM. Ascoli et Flechia, linguistes dont les travaux sont fort appréciés, et M. Angelo de Gubernatis, véritable polygraphe, auquel ses nombreux ouvrages de mythologie, de philologie et ses mélanges biographiques et historiques, sans parler de ses drames, dont

le sujet est emprunté aux épopées de l'Inde,
ont acquis et mérité une notoriété euro-
péenne.

L'Espagne attend encore la création d'une
chaire de sanscrit ; mais le Portugal possède la
sienne : depuis deux ans, M. de Vasconcellos-
Abreu, ancien élève de M. Bergaigne, de Paris,
et de feu M. Haug, de Munich, professe cette
langue à Lisbonne.

Je termine par notre pays, où l'étude du
sanscrit a été inaugurée, je l'ai dit déjà, en
1815, au Collége de France, par M. de Chézy.
A M. de Chézy succéda, en 1832, l'illustre
Burnouf, dont les travaux contribuèrent si
puissamment à frayer la voie aux études sur le
bouddhisme et les livres avestiques. La chaire
de Burnouf échut, en 1852, à M. Pavie, et, en
1857, à M. Foucaux, le titulaire actuel, connu
surtout par des traductions d'ouvrages bouddhiques.

Depuis 1868, d'autres cours de sanscrit très-
suivis, même par les étrangers, ont été ouverts
à l'École pratique des hautes études. Ils sont
professés, depuis la création, par mes chers et
excellents maîtres, MM. Hauvette-Besnault,

directeur adjoint (1), et Bergaigne, répétiteur. Ce dernier, qui a commencé la publication d'un grand et capital ouvrage sur la religion védique, est, en même temps, depuis 1877, maître de Conférences de sanscrit auprès de la Faculté des Lettres de Paris. Ses leçons complètent l'ensemble de l'enseignement officiel de la langue et de la littérature sanscrites, tel qu'il existait en France avant l'ouverture de la Conférence de Lyon (2).

---

(1) M. Hauvette-Besnault a publié, dans le n° 4 du *Journal asiatique* de 1865, un fragment du *Bhâgavata-Purâna*, intitulé *Pancâdhyâyi*, ou *les Cinq Chapitres*, sur les amours de Krishna avec les Gopis. Ce travail, très-remarquable, était, en quelque sorte, le prélude de la publication de toute la partie du *Bhâgavata-Purâna* dont Eugène Burnouf n'a pas eu le temps d'achever l'édition et la traduction.

(2) Je me fais un devoir d'ajouter à cette nomenclature, où j'ai eu l'occasion de rappeler les titres des principaux indianistes contemporains, ceux de nos savants compatriotes MM. Barth et Sénart. Le premier publie, depuis plusieurs années déjà, dans la *Revue critique*, des articles qui témoignent de la science la plus profonde et la plus sûre, jointe à l'esprit le plus ouvert et le plus juste ; le second est l'auteur de travaux sur la grammaire pâli et sur les légendes bouddhiques qui l'ont placé au premier rang dans cet ordre d'études. M. Feer, attaché au département des manuscrits à la Bibliothèque nationale, a publié également des travaux nombreux et estimés sur le bouddhisme. Je citerai aussi M. Adolphe Régnier, dont les travaux plus récents d'un autre ordre n'ont pas fait oublier les belles études sur la langue des Védas et sur le *Prâtiçâkya* du *Rig-Véda*.

II

L'exposé qui précède témoigne d'une manière bien probante de l'extension aussi rapide que considérable prise en Europe par les études sanscrites. Mais l'on peut se demander si ce développement est bien justifié par la valeur des résultats obtenus ou attendus; si l'engouement, l'attrait de la nouveauté, ces causes d'illusions contre lesquelles les savants eux-mêmes ne sont pas toujours suffisamment en garde, n'y seraient pas pour quelque chose, et si l'on ne s'est pas jeté dans l'indianisme surtout avec la vaine espérance de substituer à l'aliment classique de l'érudition, dont des esprits chagrins ou superficiels prédisent le prochain épuisement, les provisions abondantes, mais d'un prix et d'une saveur problématiques, découvertes en ces derniers temps au pays des brâhmanes. En d'autres termes, et à prendre les choses pour ce qu'elles sont, n'aurions-nous pas dans l'héritage littéraire de l'Inde ancienne comme une autre forme des manuscrits carbonisés d'Herculanum et de Pompéï, et ne sommes-nous pas exposés de nos jours, à propos de cet héritage, aux déceptions que les papyrus frustes ou insignifiants des cités ensevelies au pied du Vésuve ont causées aux savants de la fin du siècle dernier? La philologie sanscrite est-elle digne, enfin, de la peine et du temps que nous y consacrons, et, pourquoi ne pas le dire, de l'argent que les gouvernements emploient à en favoriser les progrès?

Disons-le sans hésitation, on aurait absolument tort de s'arrêter à de pareilles craintes. Bien au contraire, les études sanscrites, on peut l'affirmer, ont porté déjà ou promettent des fruits qui, particulièrement au point de vue de la linguistique, de la littérature et de la philosophie, ou de ce qu'on pourrait appeler l'archéologie morale et intellectuelle de la race aryenne, consacrent et encouragent l'intérêt qu'elles provoquent, les efforts qu'elles exigent et les créations scientifiques auxquelles elles ont donné naissance. Un rapide exposé des résultats qu'elles ont produits ou qu'elles permettent d'attendre en fournira la preuve.

Tout d'abord, chacun sait maintenant ce que la grammaire comparée des langues indo-européennes doit au sanscrit. C'est par lui qu'on est arrivé à établir scientifiquement la communauté d'origine, la parenté étroite et l'évolution parallèle du sanscrit même, du zend, du grec, du latin, du celte, du slave et du gothique. Grâce au privilége dont elle jouit d'avoir conservé presque intactes en bien des cas les formes grammaticales primitives du groupe aryen, la langue sacrée de l'Inde a mis, en effet, les savants sur la voie des archétypes, à l'analogie desquels il ont pu ramener ces mêmes formes plus ou moins altérées ou usées dans les idiomes congénères. En même temps, du reste, que les éléments grammaticaux du sanscrit — thèmes primaires et secondaires, préfixes, suffixes, désinences casuelles des noms et désinences personnelles des verbes — peuvent être considérés comme plus ou moins similaires à ceux de la langue indo-européenne primitive, la série en est plus complète que dans aucun des autres dérivés de celle-ci ; en un mot, il y a eu dans le sanscrit conservation exceptionnelle, tant au point de vue de l'intégrité collective des particules organiques qu'eu égard à leur forme. Ces deux circonstances réunies expliquent l'importance du sanscrit pour les études de grammaire comparée indo-européenne et la nécessité où l'on était de connaître la langue des brâhmanes avant de pouvoir constituer cette science ; elles expliquent également les divagations auxquelles on s'est livré et la stérilité des conclusions auxquelles on a abouti tant qu'on a essayé de faire de l'étymologie ou de la grammaire générale sans un secours aussi indispensable.

En ces matières, on peut comparer le rôle du sanscrit à celui d'un bon manuscrit dans le classement des variantes et l'établissement de la leçon définitive d'un texte antique. Un tel manuscrit, rapproché des analogues moins corrects, permet d'en comprendre et d'en expliquer les ratures, les omissions et les surcharges, de former une famille de ceux-ci et de celui-là avec l'indication des degrés respectifs de parenté, et finalement de reconstituer, à l'aide de tous, la rédaction originale accompagnée de l'exposé raisonné des altérations subies par elle sous la main des différents copistes. La

grammaire comparée des langues indo-européennes n'est, en effet, pas autre chose, de
son côté, que l'exposé scientifique des altérations successives des dialectes aryens rappro-
chées des formes hypothétiques de la langue
primitive par l'intermédiaire du sanscrit, qui en
est le dérivé le plus direct et le plus ressemblant.

Partant de ces principes, il est facile de se
rendre compte de l'aide que la grammaire de
toutes les langues d'origine aryenne, et particulièrement celle des langues classiques, peut
tirer de la grammaire sanscrite et de la grammaire comparée, qui en est issue. Les phénomènes perdent, avec elles, le caractère indépen-
dant qu'ils semblaient avoir jusque-là ; l'en-
chaînement des effets et des causes se trouve
rétabli sur un domaine d'où il paraissait exclu,
et la raison des choses apparaît avec certitude,
à la grande satisfaction de l'esprit et au grand
bénéfice de la mémoire et de l'intelligence.
Ainsi s'offre à nos regards la fertile perspective,
non pas du renversement des méthodes grammaticales actuelles, mais de leur transformation
profonde d'après une vue d'ensemble dont il est
facile d'apprécier les conséquences et la portée.

Je n'insiste pas, Messieurs ; j'en ai dit assez pour vous faire entrevoir l'avenir qu'ouvre le sanscrit à la grammaire particulière des principales langues anciennes et modernes de l'Occident, aussi bien qu'à la grammaire générale du groupe indo-européen. Du reste, les travaux de Bopp et de son école, depuis ceux de Pott, Curtius, Schleicher en Allemagne, de M. Max Müller en Angleterre, de M. Whitney aux États-Unis d'Amérique, de M. Ascoli en Italie, de MM. Baudry et Michel Bréal en France, pour ne citer que l'œuvre des plus célèbres émules ou disciples du maître, sont là pour attester la fécondité et la solidité des conclusions qu'a pu formuler la linguistique indo-européenne en prenant le sanscrit pour base de ses travaux.

III

Il ne faudrait pas, cependant, comme on a paru quelquefois trop disposé à le faire, ne voir dans l'idiome sacré de l'Inde que des mots, des sons, et rien de plus. La littérature sanscrite, nous aurons l'occasion de le constater à vue des textes, renferme bien d'autres objets d'intérêt et d'étude que les éléments constitutifs de la grammaire générale des langues d'origine aryenne. De même, par exemple, que le sanscrit, en tant que langue, nous offre les matériaux propres à réédifier la structure, l'économie et l'histoire interne, au point de vue de la phonétique et de la morphologie, de l'ensemble des idiomes du groupe indo-européen, le sanscrit, en tant que collection bibliographique, est en mesure, on peut le croire du moins, de nous retracer, par voie d'analogie et de connexité, les progrès de la pensée indo-européenne à une période particulièrement intéressante et obscure. Toujours est-il que, pour l'éclosion et la transformation des idées morales et religieuses, pour la mythologie et pour les cérémonies du culte à leur début, pour la philosophie proprement dite, soit à l'état de conceptions naissantes, soit sous la forme de systèmes ordonnés et arrêtés, pour le droit archaïque, pour l'arrangement primitif de la pensée et le style en vers et en prose, pour l'origine de certaines sciences mêmes d'un ordre plus précis — comme la grammaire, la métrique, le chant, l'astronomie élémentaire et, plus tard, la médecine, la rhétorique, la musique et les mathématiques, — la littérature sanscrite et plus spécialement les écrits qui figurent au canon des livres sacrés sont d'une importance capitale. Ils nous montrent la genèse et la croissance de la civilisation de l'Inde ancienne dans une suite de documents dont rien, à ce point de vue, n'égale la valeur. Les livres que les Hindous sont convenus de classer au rang des ouvrages sacrés, c'est-à-dire les *Védas* proprement dits ou les recueils d'hymmes, les *Brâhmanas* ou le rituel, les *Upanishads* ou les spéculations philosophiques des anciens âges, les *Sûtras* ou les préceptes relatifs aux sciences védiques, avec les *Vedângas* ou les traités auxiliaires qui en exposent les principes sous une forme plus développée, — tous ces livres constituent une encyclopédie d'une antiquité et d'une authenticité qu'on ne discute plus et dont les enseignements ont une portée qui dépasse les limites de la culture brâhmanique.

Dans quelle mesure ces enseignements sont-ils applicables au développement intellectuel antérieur à l'histoire écrite du groupe ethnique auquel appartient le peuple qui les a fournis? Il est encore bien tôt pour le dire. Permettront-ils d'asseoir un jour sur des bases solides et d'exposer *in extenso* la partie plus spécialement intellectuelle et morale de la science dont Pictet, de Genève, a esquissé les principaux traits dans son livre des *Origines indo-européennes?* S'il y a témérité à l'affirmer dès aujourd'hui, il est certainement, du moins, permis de l'espérer. En tous cas, on est en droit de le soutenir hardiment : fût-elle indépendante d'un mouvement d'ensemble de la pensée aryenne antérieure, ce qu'on peut appeler d'une manière très-compréhensive l'idéologie védique et post-védique est du plus haut intérêt pour la philosophie en général, et en particulier pour l'histoire de la civilisation, car elle offre le précieux tableau d'un développement intellectuel continu et un spécimen unique, au point de vue de l'archaïsme et de la richesse des détails, des procédés primordiaux de l'esprit humain sortant de ses langes, essayant ses premiers pas et prenant conscience de lui-même.

IV

Mais la pensée de l'Inde, toute portée quelle était, comme nous le verrons, à la théorie et à l'abstraction, toute absorbée qu'elle se montrât dès le principe dans la recherche du *comment*, du *pourquoi* et de la fin des choses, cette pensée, dis-je, ne s'en est pas moins abandonnée souvent à l'exercice plus fécond, plus harmonieux et plus souple de ses facultés créatrices. Serrant le frein à la spéculation philosophique, il lui est arrivé maintes fois de lâcher la bride à l'imagination ; c'est ainsi que nous avons en sanscrit, à côté d'une science ou plutôt d'une *gnose* très-transcendante et très-subtile, une littérature proprement dite très-luxuriante, très-libre d'allures, et, n'était l'anachronisme, je dirais volontiers très-romantique. Cette littérature, je n'hésite pourtant pas à le dire, n'a pas tenu toutes ses promesses ; du moins les espérances qu'avaient fait concevoir d'abord la *Bhagavad-Gîtâ* et le drame de

Çakountalâ ne se sont qu'imparfaitement réalisées. Considérée dans son ensemble, la littérature sanscrite classique, la seule, pour ainsi dire, qui compte au point de vue esthétique, rappelle beaucoup plus celle de notre moyen âge, dont elle est, en bonne partie, contemporaine, que les floraisons dans lesquelles les dons intellectuels de l'homme se sont si brillamment épanouis en Grèce et à Rome, dans l'antiquité, et, dans l'Europe moderne, à diverses reprises depuis la Renaissance. Cependant, il faut se garder d'un jugement trop général et trop absolu, et reconnaître que, dans la grande quantité de monuments littéraires de tout genre et de toutes les époques qu'on a retrouvés et qu'on retrouve encore chaque jour dans l'Inde, il en est un bon nombre dont, au moins certaines parties, ne le cèdent guère, pour l'invention ou le style, le sentiment ou la passion, la grâce ou l'enjouement, le côté mélancolique ou grave, le charme dans les descriptions de la nature ou la vérité dans la peinture des caractères, aux meilleures compositions de l'Occident. Sans remonter aux textes védiques, qui, à un certain point de vue, pouvaient fournir eux-mêmes les éléments d'un *florilegium*, je puis invoquer, comme preuve, tels passages des *Dharma-çâstras* ou livres de lois, tels morceaux des grandes épopées, les fables et les contes de l'*Hitopadeça* et du *Pancatantra*, certains petits poëmes comme le *Meghadûta* et le *Gîtâgovinda*, les recueils de stances sous forme d'anthologies comme celui qui est attribué à Bhartrihari, enfin, et surtout, le théâtre, qui renferme de véritables chefs-d'œuvre. On peut donc le dire sans faire acte d'optimisme exagéré: n'eût-on d'autre but en étudiant le sanscrit que de goûter des jouissances littéraires nouvelles, on ne risquerait pas d'être déçu. Les dilettantes ont là en perspective une source abondante et choisie, et les difficultés qu'il faut vaincre pour y trouver accès ne font que rehausser le prix des savoureux breuvages dont elle garde le dépôt.

Je ne voudrais pas en finir, Messieurs, avec ces indications très-sommaires des raisons qui peuvent vous déterminer à entreprendre l'étude de la langue sanscrite sans ajouter un mot sur un avantage tout usuel et pratique que cette étude semble en état d'offrir dans une ville comme Lyon, où les préoccupations com-

merciales sont prédominantes, et que sa princi-
pale industrie paraît appeler à des relations
de plus en plus suivies avec l'Orient. J'entends
que l'idiome brâhmanique, —indépendamment
des secours indispensables qu'il apporte à
l'étude du prâcrit, nécessaire pour l'intelligence
des drames et de certaines inscriptions, et pour
celle du pâli, si favorable aux recherches sur
le bouddhisme, — est l'introducteur naturel à
la connaissance des langues modernes de
l'Inde, dérivées de lui pour la plupart, et que
ceux d'entre vous auxquels ces langues pour-
raient être utiles ne sauraient adopter une meil-
leure méthode pour les apprendre que de commencer par les éléments du sanscrit. On m'ob-
jectera peut-être qu'il n'est pas besoin d'apprendre le latin pour arriver à l'italien. Je
reconnais que cette voie, tout en étant peut-
être la plus sûre, ne serait pas la plus courte ;
mais l'exemple s'appliquerait mal au cas que
j'ai en vue. Partir du sanscrit pour prendre
possession plus facilement, plus complétement,
plus vite, du bengali, du cachemirien, du guz-
zarati, de l'indi, du mahratti, du çingalais, etc.,—
et telle est mon hypothèse, — c'est commencer

par le latin pour parvenir à la connaissance simultanée de l'italien, de l'espagnol, du portugais, du français et même de l'anglais ; et il paraît bien évident qu'alors, et dût-on joindre un peu d'arabe à des notions portant de préférence sur le vocabulaire sanscrit, le moyen serait non-seulement le plus scientifique, mais encore le plus commode et le plus expéditif.

Reste à savoir jusqu'à quel point l'étude des langues orientales modernes peut présenter un sérieux intérêt commercial. Cette question, un de nos compatriotes, M. Guimet, que rendent doublement compétent en pareille matière sa qualité de négociant et les voyages qu'il a faits en Asie, l'a résolue hardiment et généreusement par l'affirmative en créant ici, à ses frais, un cours de japonais, et en s'occupant de former une bibliothèque où les meilleurs ouvrages orientaux en chaque langue auront leur place. Je crois donc pouvoir en toute sûreté de conscience autoriser l'opinion que je viens d'émettre d'une expérience tentée dans de semblables conditions.

Mais, quel que soit le motif principal qui vous amène à cette conférence, — que vous soyez mus par des raisons philologiques, philosophiques, littéraires ou commerciales, que votre goût ou vos desseins vous dirigent plutôt vers la grammaire comparée, l'étude d'une civilisation pleine de curieux problèmes et de hauts enseignements, l'agrément d'une littérature qui l'emporte sur ses voisines de l'Orient autant que la race aryenne elle-même l'emporte intellectuellement sur les Mongols et les Sémites, ou que vous ayez simplement en vue l'acquisition d'instruments qui facilitent les rapports commerciaux et l'extension du négoce de la France avec l'Inde, — dans ces différents cas vous aurez également à commencer avec moi par la base de toute étude sérieuse de ce genre, c'est-à-dire par la grammaire et l'analyse organique des formes présentées par les textes que nous expliquerons. Cette méthode nous est d'autant plus imposée que nous avons affaire à des combinaisons plus complexes, à des phénomènes plus variés et, en un mot, à une langue devenue, surtout dans les dernières périodes de son développement, plus artificielle et plus savante.

Un auxiliaire zélé des érudits de la Renaissance, de ces maîtres incomparables des temps héroïques de la philologie, dont l'exemple doit nous servir constamment de guide dans nos laborieuses études, le célébre imprimeur lyonnais Gryphius, inscrivait autour de l'écusson typique, des armoiries professionnelles qui figurent au frontispice de ses éditions des classiques cet exergue empreint d'une sereine fierté :

Virtute duce, fortuna comite.

Qu'il me soit permis, en terminant la leçon qui sert de préface à mon enseignement, de reprendre pour moi-même et pour ceux de vous, Messieurs, qui ont l'intention d'en profiter, le texte de la vieille devise. Mais nous nous l'approprierons comme il convient à des débutants, sous la forme modeste d'une invocation et d'un vœu, et avec l'espoir d'obtenir les succès que nous nous proposons et qu'il nous est permis d'attendre de nos efforts.

Périgueux. — Imprimerie Ch. Rastouil et Cⁱᵉ, rue Taillefer.

ERNEST LEROUX, ÉDITEUR

28, RUE BONAPARTE, 28

Publications de M. PAUL REGNAUD.

Études sur les Poètes sanscrits de l'Époque classique. — *Bhartrihari.* — *Les Centuries.* — Un vol. in-16........ 2 fr.

Les Stances érotiques, morales et religieuses, de Bhartrihari, traduites du sanscrit par P. REGNAUD. — Un vol. in-18 elzévir... 2 fr. 50

Le Chariot de Terre cuite (Mricchakatikâ), drame sanscrit du roi Çudraka. Traduit en français avec notes, variantes, etc. Un volume in-18 elzévir....................................... 10 fr.

BERGAIGNE,

Professeur de Sanscrit à l'École des Hautes-Études.

Nagânanda, la Joie des Serpents, drame bouddhique, traduit et annoté. Un volume in-18 elzévir......... 2 fr. 50

PH.-ED. FOUCAUX,

Professeur de Sanscrit au Collége de France.

Mâlavika et Agnimitra, drame sanscrit de Kalidasa, traduit en français. — Un volume in-18 elzévir........... 2 fr. 50

Vikramorvaci, ourvaçî donnée pour prix de l'héroïsme, drame sanscrit, traduit en français. — Un volume in-18 elzévir... 2 fr. 50

Périgueux. — Imprimerie Ch. Rastouil et Cie, rue Taillefer, 31.